AF399165

Justin Larma

Elämän pisaroita

runoja

Kustantaja: Books on Demand GmbH, Helsinki, Suomi;
Valmistaja: Books on Demand GmbH, Norderstedt,
Saksa. ISBN: 9789523189584

Elämän pisaroita

Justin Larman neljäs runokokoelma

Elämän-sarjassa aiemmin julkaistut kirjat

Elämän virrassa 2014, ISBN 9789522868176

Elämän kaarella 2015, ISBN 9789523185333

Elämän tyrskyissä 2015, ISBN 9789523186224

Omistan kirjan
runojeni ystäville

Siskolle ja Karille

Pisaroissa on elämää
sateen virkistävää voimaa
sulosäveliä, kuin
pienten rumpujen sointia
tiputellen, taputellen, lorotellen
tahtipuikkoa heilutellen
lammen pintaa kuvioiden

Pisaroi

Raikas sade
siivittää elämää
uudistaa elollisen
pesee puhtaaksi
eilisen

Sanat puhdistavat
synnyttävät uutta
ravitsevat
sielun elon

Pisarat
kertomuksiksi
muuttuvat
niissä
kimmeltää
tulevaisuuden
kilo

Sade

Rakkautesi pilvi
satoi suoraan sydämeeni

Suolaisena
ilon kyynelvirta
kipuilee
avohaavoissa

viiltäen haihtuu

kasvaen
huomisen
unelmiksi.

Aamuhämärä

Yönvihreä aamu sarastaa
harmautensa hiipivää tuskaa
pysähtyneenä valon hitauteen
päivänkajon odotukseen

Sinnittelee mielikuvana rappusilla
askelten muistijälki kupeessaan
narahtaen, alistuen tehtäväänsä
naulaamaton lankku irrallaan

Yön kosketus
tiivistyy usvasta pisaroihin
tipaksi rännin huulille
rakastavaisten lakanoille

Satakielen vuoro soittaa
hämärän sinfoniaan kirkas raita
hämähäkkien verkkotanssiin
vakioaskeleet

Hämy haihtuu hiljalleen
virkuimmat katsovat jo huomeneen
kun katti saapuu yömatkaltaan
saalista suupielessään

Taikaa

Säde
piiru valoa
livahtaa yön mustaan
harmaaksi
punaiseksi
sekunnin murto-osaksi
haipuen
kohti aamun
siniauerta.

Huomen
havisuttaa
lehtivihreää
vierittää
lasinkirkasta
vesipisaraa
kasteiselta
havuoksalta.

Aamun syli
aukeaa.

Keväthuomen

Kielo tuoksuu
lehdossa polun varrella
valkokylkisen koivun alla
polku täynnä muurahaisia
ahkeruutensa päivää alkamassa
neulasvuorelleen kiipeilemässä

Mustikanvarvut kurkottavat
kohti valoa kimalaiset kukissaan
valkovuokot ja ketunleivät
valkoisen hentoina
hohtavat puhtautta

On kevätaamu täynnä
virikkeitä aisteille
kummun takana suolla
suopursut tuoksuvat
alkavaa kukintaa

Kuikka huutaa huomenen
kiirii ääni maisemaan
saaden kurjet pellolta vastaamaan
joutsenet matkaan nousemaan
kaislikossa sorsaparin havahtumaan

Käki kukkuu elon vuosia
vene lipuu kohti ulappaa
vanhus airoissa
muikkuverkot veneen kokassa

Aamuhetki

Aamu soi
sirkutusten polkkaa
kauriin vasa pihamaalle jolkkaa
kevyin askelin, uteliaana
kuono kukkapuskissa halukkaana
maistelee tuoreita versoja
tulppaanien kuihtuvia kukintoja

Neitokauris
tietämättään
poseeraa kameralle
pikku-uros
piiloutuu puun alle

Salaisuuksia

Kuusaman tuoksu
lumoaa
viinitarhan kapeilla käytävillä
yön hämy
kätkee kulkijat
piilottaa saalistajat
maitorahkanvalkeaan usvaan

kostuttaa sumuharsoin
naavaiset oksat
vanhuuttaan
tutisevat oliot
menninkäiset

sukeltavat matkaan
pitkäpiimäisiin
aikomuksiinsa
lumoutuneet
ensirakastajat
rasvaisine letteineen

tänä arvoitusten yönä

Toivo

(hetkosia)

Kesäaamun sade
kaikkialla lintujen liverrystä

> *Kirjosiepon poikaset*
> *pöntössään*
> *odottavat lentoon pääsyä*

Sumujen sillalla
odotat

> *Lupiinien sininen meri*
> *sokaisee katseesi*
> *venevalkamaa ei näy*

Syntymien ihme virittää
haikeuden

> *Ahon laidalla voikukkien*
> *valkoinen untuvameri*
> *siementulva huulillaan*

Taivas lyö tulta
salamoi

Rusentava tietoisuus
ihmiskunnan matkasta
tuhoon

Pilven varjo väistää
valon tieltä

Näet eletyn elämän
kesäniityn viherjän
raskaana kukista

Musta asfaltti
kutsuu

Tielläsi ei ole määrää
jonka voisit saavuttaa
vain loputtomuus

Hoiperrellen huomiseen
käy pienet askeleet

Sydämessä ikuinen toivo
rakastamisen kaipaus
ja riemu

Sekopää

"Korkkarit kattoon
tää päivä on meidän--"
soi läppäristä työpöydällä.

Firman juhannusjuhlat
aatonaaton
odotettu
ja pelätty tapahtuma
on käsillä.

"Vittu, mä näytän tänään
niille närhenmunat, vittu"

"Jumalauta"

Työajalla oli hulahtanut
salaa puolikas skumppa
ja naaraan hajuaisti alkoi
tuntea juhannuskiimaa
kaikkialla.

Lenkkarit lensivät
työpöydän alle ja työpöydän
laatikosta kaivautui esille
punaiset korkokengät.

"Vittu, nää on siistit"
 "korkookin enemmän
kun ukon munalla pituutta, vittu,
nää... on makeet"

Naaras kipittää hoiperrellen näytille.

Metsästys on alkanut.

Miesten maailma

Poikavauva hellantelttu
kovin oli odotettu
suukotellaan sormet varpaat
ihanuus kuuluu vauva-aikaan
aina vaan

Pikkupojat pissaa pippelistä
juoksevat ja
ajavat lujaa fillarilla
kyllästetään karkilla
ja heittelevät kivillä

Isot pojat leikkivät pippelillä
pelkäävät tyttöjä
ja ajavat lujaa mopoilla
maistelevat kaljaa salassa
ja pelaavat pelejä tietsikalla

Nuoret miehet pelkäävät
että näkyy kun pippeli alkaa seistä
ihastelevat tyttöjä
kurvailevat autoilla
ja haluaisivat heitä kyyditä

Machomiehet
metsästävät tyttöjä ja naisia
pyrkivät sänkyyn ja pöksyihin
pelaavat roolipelejä
kehuskelevat kaadoilla

Nynnyt miehetkin tulevat isiksi
naisten käskytettäviksi
tohvelisankareiksi
kauppakassin kuskeiksi
vaipan vaihtajiksi

Koti-isät aikuistuvat lasten mukana
niinhän sitä luulisi
jos juttuja kuulisi
saunailloissa, kaljakapakoissa
vieraita vilkuilemassa

Äijät muuttuvat sioiksi
kun kalja ja ruoka on maistunut
ja alkuihanuus naisesta haihtunut
örvelletään yöt ja päivät
surkeillaan menetettyä nuoruutta

Ukot vanhenee ja rumenee
kuntokin heikkenee
niin se vaan menee
kuori rapistuu ja
vaippaikäkin uusiutuu

Sitten
alkaa uusi formulakausi
kun muistisairas rollaattorilla kurvailee
Reinoissaan liukastelee
palvelutaloon tokenee
menneitään haikailee

Unelmainen

Aivan kuin en ymmärtäisi
punaisten tulppaanien mereen
liittyvää symboliikkaa
kuinka soutaja etsii satamaa
hiki otsallaan

Myrsky-yönä airot lyövät kallioon
elämä otattaa mittaajaltaan särön
sydämen syrjästä pelon
tahdoksi käskee
hyväksi muuttumaan

Kuinka en ymmärtäisi
mustien tulppaanien aikaa
vatvoen vätystäisi
ihmetellen
saamatta mitään aikaan

Lempeä suvituuli
sylkee kevyet höyhenet lentoon
liitämään luoksesi
omenankukkien tuoksuessa
etsiessäsi rauhalle paikkaa

Kuolee rauhankyyhkynen
hukuttaa onnen haaveet
pirstaloi unelmien saaret
vieden mukanaan
saamattomuuden satamaan

Purttani katson
elämänmerellä naarmuuntunutta
hilseistä pintaa
jota ei raaputtamatta
uudeksi saata

Majakka kalliolla
viistää vaalenevaa valoaan
tyyntyneille mainingeille
Astun purrestani
uuteen elämisen aikaan

Pitsiverho ikkunassasi
tervehtii levollisena
kätkien taakseen
elämän
tarkoituksineen….

Mystinen

Kirjoitin taivaankannen
siniseen ulappaan
valkoisen viirun
täynnä tavuja ja kirjaimia
ei niitä moni ymmärrä
pyyhkivät sadepisarat
näkyvän olemattomiin
uduksi taivaanrantaan

Ne jotka ymmärtävät
havaitsivat
usvan seassa tavuilevat sanat
ja kätkevät muistiin
odottamaan nousevaa
sanojen huomista
toivoen käsittävänsä
tarkoituksen

Putoaa pimeä viittoineen
kaiken piilottamaan
Poreilee mielenaalloilla
toivon huomen
nukkuen hataraa unta
jota kaikki juoksevat karkuun

Kulkija

Kuljen matkaani
syntymässä saaduin eväin
ymmärrystäni rikastaen
kanssa eläjiä kohdaten

Uskollinen ystäväsi
katsoo sinua kirkkain silmin
odottaen rapsutusta
sitoutuen sinuun huoltaja

Ystäväsi ihminen
vaatii sinulta ymmärrystä
hyväksyntää, tekoja ja
tekojesi tilitystä

Lentoon pyrähtänyt lintu
laulaa tiensä sydämeesi
ilman pakotusta, ilmaisten
reviirinsä, omasta halustaan

Mullassa möyrii kastikka
muokaten alustaa elämälle
kukkien loistolle ja
kasvunautinnolle

Kuljen matkaani
mukanani rikkaudet
aina vain en niitä huomaa
en osaa omaksi tulkita

Kuljemme matkaamme
löydämmekö sen oikeutuksen
olla oma itsemme
me kaksi, me kaikki, koko ihmiskunta

Astu siis askel
ymmärryksen maahan
hänkin saa olla erilainen - saahan?

Kaikilla luoduilla
on paikkansa
aikansa
elämänsä

teillä kulkijansa

Askeleet

Tänään askeleet
eiliseen menneet
petaalia poljen
kilometreiksi huomen

mutkan takana
entinen elämä
kirjan kansiin piilotettuna
julki luettuna
kun olin kossina

rutosti vuosia välisä
raahustettu ja pingottu
kelisä ku kelisä
vaan ei luovuttu

isot askeleet
pitkät askeleet
kipittäneet ja harpponeet
tulevat ja
menivät
paikkansa aina etsivät

On sillä merkitystä

Se, että on
ettei ole numero
jota odotetaan
kuten välttämätöntä pahaa
tai vain silloin
kun apua tarvitaan

Se että on olemassa
jotakin varten, jollekin
Se on, että on

Merkitys vaihtelee
Kokemus lisää merkittävyyttä
tiedon syvyyttä
soveltamisen mahdollisuutta
merkitystä
Sitä, että on

Joku kysyy kuka olet
Onko sillä merkitystä
jos itse tiedät
kuka olet
että
olet

Elänyt, nähnyt

Kaiken kokenut
riihikuiva
vanha korppu
olemukseltaan riutunut
voimiltaan
lähes loppu

Kaihisin katsein
hämärää hahmoksi pukee
käsin kohmuraisin
runokirjaa pitelee
lukee
sivuja muistelee
kaiken nähnyt
nyt
lähes sokea

Kesäeläjät

Jätkä makaa kännissä laiturilla
kaljatölkki kourassaan
ja odottaa viirua kyliltä
huudattaa spotifylistaa tabletilta
heviä helevetin kovalla

Moottorirutkun ääni pärähtää kesäyössä
muijan vene
purskauttaa vedet aalloille
hyökylaineet rantakallioille
rantaan täräyttää
Giltsi könyää laiturille

"Vittu sie tulit"
sammaltaa odottaja

"Onks sul mäyris messis?"
"Ei tätä vitun maalaisuutta muuten kestä"
sanoo jäbä ja
kusta lorottaa laiturilta

Suruinen

Suvisen maalaismaiseman taika
värisee vihreyttään
tie johdattaa kulkijaansa
kohti kotia

Suvessa monta melodiaa
Hyttyset inisevät loputonta lauluaan
valkokylkisten koivujen lehvistössä
etsien kohdettaan

Tarpoo yksinäinen
pellonlaitaa tuskissaan
etsii kadotettuaan
yhä tohkeissaan

Eilisen härmä viiltää
tuskan huppua etsimään
samoamaan syvissä metsissä
eksymään, yksin kesään

Lammen tumma vesi vei armaan
kuvajaisessaan peilaa
pilviverhon harmaan
lumpeen kukalla sudenkorento
käy rantaan yksin, orpo olento

Paljon

Meillä on niin paljon murehtimista
turhaa pään tyynyyn painamista
piiloutumista arjen ihanuuksista
höyhenpeitteittemme alle
joustinpatjoillamme

Nukkuvat ajatuksemme piiloissaan
vaikka olisi paljon tähdellistä
sanottavaa itselle
kerrottavaa läheisille
unikuvia peittojen alle

Niin paljon
enemmän

Suvi

Onhan se piru
jos ei saa kesää
viettää
Sukeltaa laiturilta
särkiä kuhisevaan lahteen
toivoa ahvenkukkoa
lauantaipöytään ja tappaa
aikaa kuin hyttysiä
sormet punaisilla verinaarmuilla

Kuinka se menikään,
syntyikö poikavasikka ennen
puolikuun nousua taivaalle
navetan takana?

Muikkuverkot menivät sekaisin
airojen lappeiden alla
hiljaisen yön tunteina
ja ennen päivän syntyä.

Voi mahoton

Kurvin takaa alkaa suora
niin muistelin
ja kevyesti kaasujalkaa löysäilin
melkein näin sen
mitä kuvittelin
kun mopolla ajaa posotin

Saunavihta vipatti kahisten kourassa
jarrun puolella kahvassa
kaasulla piti vauhti hidastaa
ja uusi virittää
vaistonvaraisesti muistikuvan
mukaan

Se katsoi suoraan silmiin
kun törmäsin ja
lensin pilviin

se sanoi:
ammuu

Riemukaarten alle

Kesäyössä kurki kujertaa
aluettaan vartioi
armastaan odottaa sulho
rantamökillään
kiirii veden yli aironloiske
venho neitoa kuljettaa
varjo kuvajaisena pohjaan piirtyy
verkot vedessä ulpukoiden rinnalla viipyy
savukiehkura kieputtelee veden yllä
sauna valmiina
hämäränhaiku kevyenä ympärillä
morsio astuu laiturille

"Sie tulit!"

Ujo odotus kaikkoaa
toisensa syleilyyn rientävät
rakastuneet rakastavat

Ihon lämpö kutsuu
riemukaarten alle

Yksitahtiset

Rakkauden ansassa
haluan päästä
itseni herraksi
ymmärtääkseni
miksi himo vie mennessään

Kolkutan tunnon portteja
ikävöin uupumattomuuden perään
hikisissä lakanoissa
lihallisen vimman palossa
voimien ollessa äärirajoilla

Kuin liimatut lennokit
liidämme hurmion tuulessa.

Syöksymme himojen aallokkoon
ahmien hekuman sardilleja.

Kipuamme paljaina luodolle
ollaksemme vain toinen toisillemme.

Ei sillä väliä
onko aamu, päivä, ilta tai yö
sydämemme yhteen tahtiin lyö

Mansikka

Suloposkinen
kesässä
loistaa
piilossaan muhii
makoisaa mehevyyttä
taltioi
odottaen
poimijaansa
kuin urho
rakastaan
voi vain
odottaa

Portilla

Kuiskaan Sinulle
salaisuuden
ojennan
pienen herkkupalan
tunne-elämäni piirakasta
muistathan
tämä on vain meille

Kuinka hellästi
korvanipukkasi taipuukaan
kuiskaavan huuleni alla
on valmis
ottamaan vastaan
viestin,
jopa hetken odottamaan

Kuiskaukseni sulaa
huokaukseksi
ihanuutesi kätkyessä
me tiedostamme
ajan
nopeasti kiiruhtavat rattaat
uteliaat kosketukset
unen ja hellyyden portilla

Wien

Muistathan marsipaanisuukon
wieniläisessä puistossa
heleäkukkaisen jasmiinin alla

kuinka maailma tuoksui
yltäkylläisesti

rakkauden riemusta

Machoiluako?

(lainasanoja kalajokilaaksosta)

Rupiaa pohojalaista luontua
karvastelemaan
tuo pohojaton ylypeys.
Ei ees puurua osata keittää
ja vongataan emännäksi.

Nykyään se on tapana
kouluja käydä
ja maisterin papereilla
emännyyttä hakea.

On mulla raktori tallisa
jos on kaupunkiin menua
ja leikkuupuimuri
kuivurin kuppeessa
jolla leikataan syksyn satua.

Jos kahavia ossaat keittää
ja nisua leipua,
ja joskus mukavia raatata
niin se on hyvä.

Ja vois sitä rapsutellakin välillä.

Mitä sanot, tuukko emännäksi?

En tarjua ku sen, mitä on
kun en ole rinssi
enkä Valentino.

Raato, uskalsin kysyä!!

Laulajat

Kisaavatko ne
kauneimmasta äänestä
kuin sopraanot Lappeenrannassa?

Pukeutuvat kauneimpaan
asuunsa,
sukivat sulkansa,
istuvat oksillaan ja
helisyttävät varhaisen äänenavauksen...

Siihen herään joka aamu
havahdun suven päivien
kävelyretkillä
pihapuuhissa
metsän reunoilla
korpitaipaleilla
tunturilaaksoissa
lehdoissa
pellonlaidoilla

Talviaamuina hiljaisuus
voittajat ovat muuttaneet maailmalle
Minulla kaipauksen kruunu.

Pato on auki

Katsoin sinua
ja mietin sanomaasi
tänään olet sitä mieltä
eilen olit toista mieltä

Tavoitan katseesi
kun katsot silmiini
ymmärrän jonkin muuttuneen
et vain uskaltanut sitä sanoa

Huomaan sinun miettivän
katseesi harhailee etsien uskallusta
pyydän kasvosi käsieni väliin
- kerro, sitten tiedämme molemmat

Sanasi koskettavat
ne tulevat sydämestä
pato murtuu
kaikesta eletystä

Löydän virheitteni virran
karikot joita rakensin
piilot, joihin salaisuuksia
piilotin

Nyt ovi on auki
kaikki levällään edessäni
kuinka koota palaset
yksin vai yhdessä

Katson kasvojasi
ja mietin
kaikkea sanomaasi

■■

Mieli retuuttaa
epätoivon verhot ikkunaan
sulkee salaisuuksien räppänöitä
    -    ovi jää selälleen

Metsä huutaa alkuihmistä piiloonsa
karkumatkalle mielen erämaahan
rämpimään selityksien suossa
kipuamaan toivon pitkospuille

Piinatut

Seisahtui ajatus
aika
katosi
ajattomaksi
vieden piiloon
tunteet
muuttaen
häijyyden
turtumaksi

Rikkoutui illuusio
oletettu ihanuus
paljastaen
karun
todellisuuden

Raakaa
epäinhimillistä
henkistä väkivaltaa
ylivoimaa
heikkoja vastaan

Tuskan kyynelissä
kauhun kokeneet

Kohtalon pursi

Keinuu ajatusten kiikku
haaveiden purren kannella
riippumattona
rakastavaisten tapailla
unelmistaan uneksua
tulevista haikailla

Vaaleanpunainen purje
kiidättää venhoa
pumpulimeressä
pehmeästi tapaillen aallon rytmiä
säyseästi tilaa tehden
kuroen kultaista verkkoa

Hattara taivaalla hehkuu onnea
hymyten onnellisten onnesta

Lymyää arki piilossa
todellisuuden tukka harmaana
kurjuuden katiskat valmiina..

Kevyitä suukkoja

Lentosuukkoja
niitä jakelen
viattomuudella
höyhenen kevyin mielin
kuin poutapilveltä
maailmaa katsellen
vailla taka-ajatuksia

Yskähtelen
ukkospilven lailla
salamoiden ja syösten tulta
mieli maata mataen
syytöksiä sataen
syyttömille
poloisille

Vallan kukkulalla
kukkoilen
mahtailen
uskomatta tosiasioita
kaikki ohitan
pilvilinnaa rakennan

Olisi aika ymmärtää
ettei ikuisesti jatku juhla
mässäily velaksi
pian alkaa jo
kyllästyttää

Lentosuukkoja siis jakelen
kevyitä
ilmavia
viattomia
mikä on taksa

ilmaisia
eivät maksa

Vatsavaiva

Vaari vaakatasossa
vatsavaivojaan vaikertaa.

Varmimmin vatsakipuja vaimentaa
velttoillen viikonloppua viettämällä,
vierailuja välttämällä.

Vohvelit, viinerit,
voileivät, voisarvet varastoon!

Vaatii vellikuurin varmaan.
Vatsajumppaa, vessakeikkaa...

Veikkaan!

Sataa

Taivas kyyneltyi
kastelemaan yksinäiset kasvoni
huuhtomaan entisen
            puhtaammaksi tulevalle

On matkaa
askelittain kyynäröitä
monien peninkulmien päähän
            ajalle uudelle tulevalle

Taivas itkee
suloisia kyyneleitä
pisaroina valaa sinuun idun
            kaikelle tulevalle

Kun otsasi viilenee
kevään tuuli herättää sen lämmön
auringontuulet mukanaan
            kasvulle tulevalle

Istu rakkauden vaunuun
ikävän unisen peiton alle
sylisi on valmis
            sille maailmalle

Suourut

Soivat suourut
valkokukkaisten pursujen
tuoksussa suruaan
menneen yön jumalista

Käkkärämäntyisellä rämeellä
kurkien tanssiessa kevättä
lipuvat joutsenet pohjoiseen
korppi kuuseensa

Soivat suourut
aamu-usvaista sinfoniaa
etsien harmoniaa
rytmiä melankoliaan

Rupattaa puro tarinaa
matkalla uomaa matalaa
koskia kohti kiiruhtaa
taimenpuroa muistuttaa

Soivat suourut
hiljaisuuden basso
harteillaan
vettyen sammalvuoteellaan

Kasvun ihme

Hentojen varsien voima
riittää heiveröiseen kasvuun
Pimeydestä valjuina ituina
hämärän kajossa
versot tavoittavat
korkeuksia kohti
vaivoin valoon

Kuinka kurkottaa tähtiin
kivipaaden alta
kun yötaivas
pimeyttä pilkkoen tarjoaa

Vaan tulee aamu
Valtaa kasvun rieha
juuriinsa ammentavat
valon voimaa ja versovat
värikylläisiksi muuttuen,
kieputellen paaden rakosista

Villiviini takertuu villapaitasi hihaan.
Nirhaa kaulaasi punaisen rannun
merkitsee lihaasi - ymmärryksen toivomuksen.

Maanantai

Onhan se aamu
aina sellainen merkkipaalu
kun unesta herään
uuteen päivään
rutiinit toistuvat
joka aamu liki samat

Ajatusmylly jauhaa
tulevan viikon tapahtumia
puntaroi toimien ajoitusta ja
pohtii ovatko ne ajallisesti järkeviä

Villasukka sai jo kantapään
nyt tietokoneen ääressä häärään
runoa väsään
ajatukset siirtyvät mansikkakesään
odottavat tuolla tienposkissa
poimimista -
minä päivää aurinkoista

Pihanurmi sai vauhtia kasvuun
on tänään syytä sen ajeluun
ensin kauppareissu pyöräillen
jonka jälkeen ruoan laitossa hääräilen
välillä päikkärit makoisat vetäisen

Aamu kuuden vinkkelistä
aikaa on kosolti, ei kiirehtimistä
tovi miettimistä
pian löydän itseni - niin arvaatko mistä.......

Ahomansikoita riipimästä

Ajatus

Kuinka korkealle
liitää ajatus
matalalentoinen

Tunteeko se
huomisen
muistaako ajan
entisen

Toistaako avaruus
ajatuksen soinnun
duuri ja
molli voittoisen

Kalpeneeko muisto
ajatuksen tieltä
viriääkö intohimo
tulen tieltä vielä

Lumossa

Häikäisevän kaunista
luonnon lumoa
sielun ravintoa
lepoa

Pohjoinen yö

Viuhuu pohjoinen viima
tuivertaa tuvan akkunapieliä
vinguttaen piiskaa sateellaan
syösten rakeet
saappaittesi alle
murskattavaksi

Olet matkalla

Katse porautuu
tihruviiruisten luomien alta
kivikkoiseen polkuun
arvuutellen askelen osuvuutta
muistitutkan koordinaateissa

Tunturissa kaikki on totta
paitsi unelmat
juuri nyt
myrskyn kourissa

Yö haukkaa päivää
palan kerrallaan
piilottaa valon
laskevaan hämärään
Hiljaa hiipii pelko

savustaa haaveiden auringon
karkuun kuun karstaksi
ulvovien susien yöhön

Harteilta keveys karkaa

Huoli sahaa ajatuksen ortta
pursottaa mehut
rusentaa tahtoa
vihanviiniksi

Astuu uskallus piilostaan
pakottaa polkua astumaan
tahdolla nousemaan
yli rytöisen rinteen

Ymmärrys yskähtelee
lepolaavu siintelee
ajatusten porstuassa

Tunturin taika raottaa
repsottavaa taivaan kantta
piirtää kuunsirpin syrjällä
valonhäiveen kiirekartan polkuusi

On vielä aikaa aamuun
on vielä matkaa
Yön sydäntä.

Voihan itku

Nauran.
Ihan sikana.
Kielikylvytön.

Äidinkielellä selitän.
Viirut silmäpielissä.
Hohotan turhasta.

Kyyneleeni.
Kuivaan paperiliinalla.
Muistan sinut.

Ikävääni itken.
Viirut silmäkulmissa.
Vettyvät.

Kyyneleet.
Valuvat.
Kunneka kuivuvat.

Viirut.
Uriksi muuttuvat.
Runsastuvat.

Itken.
Nauran.
Vakavana mökötän.

Sanomattakin selvää

Sanat ovat merkillinen joukko
ja monin tavoin sekoitettavissa
sekoittavat useimpien ajatuksia
synnyttävät uusia aivoituksia

Huolimattomasti esitettyinä
syntyy väärinkäsityksiä
persoonaan liittyviä ymmärryksiä
ristiriitaisiakin

Punnittu puhe
vakuuttaa, mutta saattaa
myös tylsistyttää, vaikuttaa
typerältä, paatokselliselta

Sanojen nakkelua
kuulee harrastettavan
vailla tarkoitusta
persoona todettavaksi
aina äänessä olevaksi

Sanan säästäjät
ne maan hiljaiset
mutisevat mahassaan
jurnuttavat omiaan
kun kukaan ei satu kuulemaan

Kirjoitettuja sanoja ahmimme
otsikoita kaluamme
skandaaleja vainuamme
puheenaiheeksi tyhjästä puserramme

Sanojen kirjoittajia moitimme
vaikka toimitukseen itse soitimme
romaanin kotiin tilasimme
runot Facebookiin rustasimme
aitoja muka olimme

Sanojen taikaa kumarramme
oman aikamme
toteamme
omamme

Ne toiset

Ne ketaleet
unohtivat
muistaa
maksaa
jaksaa tulla
postin lähettää
vaikka lupasivat
lupauksensa pettivät
ohi menivät
muistamatta jättivät
vaikka sanoivat
että maksavat
muistavat
postin lähettävät
ja tulevat

Heille toisen aika
ei ole aikaa
heille toisen unohtaminen
ei ole unohdus
heille toisen raha
on omaa rahaa
heille toisen lahja
on omaa itselle

heille tapaaminen
on yhden tekevää

Tuona päivänä
kun heidät kohtaa suru
tuona päivänä
kun heidät kohtaa ilo
tuona päivänä
kun heille pitäisi tulla
tuona päivänä
kun heille pitäisi maksaa
tuona päivänä
kun heille pitäisi...

pitäisi unohtaa
ettei ole
itsestään selvä antaja
hän, jolta on totuttu
vain ottamaan

Liekö totta

Se elämätön elämä
ei tule sinua enää vastaan
mentyäsi sen ohi
kiertotietä
tai ei
sillä ei ole merkitystä
koska vain todellisuus
on mahdollista elää
eletyksi
itseään pettämättä

*****

Rakkaus on
kuin hattu päässäsi,
ilman sitä huiskii
suuntaan ja toiseen
kuin hiukset tuulessa.

Yötön yö

Juhannusaamun usva
leijuu peltojen
ja päiden yllä

    utuisena soppana
    tajunnassa
    eletystä yskähdellen.

Olenhan?

Käperrynkö itseeni?
Sulkien silmäni näkemästä
korvani kuulemasta
tuntoani tulkitsemasta

Tuskittelenko?
Säälien yksinäisyydessä
surkeaa elämistä
kiputiloissa rämpimistä
vailla ymmärrystä

Avaudunko?
Rakastamaan maailmaa
ja kuulemaan sen orkesteria
patarumpujen kuminaa
harppusooloa kaunista
matkalle valmista

Soljunko?
Matkaan
elon vuolaaseen virtaan
kauneuden kimallukseen
hentoihin tuulahduksiin
myrskyn riepotuksiin
tuletko vastaan

Otanko?
Onnestani kiinni ymmärryksellä
vaatimatta enempää
eläen joka hetkeä
nauttien sitä kuin hedelmää
eläen elämää

Olenhan?
Aatami alkukantainen
elämäni arvoinen

Oletko?
Jumalattareni
sulottareni, kaunoinen...

Uneksumassa

Kuvajainen käsipeilissä
hohkaa punaista
katsoja
vihreänä kateudesta

Hapertuvan harmaan keskellä
uneksii kädetön
mennyttä

Mustasukkaisuus

Kulmiensa alta
hän katsoo
tuijottaa
siniharmain säkenöivin silmin
kieputellen
äkkipikaisuuden
tulikranssia
kohteensa edessä

sanattomasti kysyen
kuka olet
ja millä oikeutuksella
astut reviirilleni
kisaamaan rakkaastani
lirkuttelemaan
lemmenlurituksia
varatulle

Hiiltynyt mieli
hehkuu hetken tulta
sammuttaa katseen palon
lempeäksi ymmärrykseksi
väärinkäsityksen
häpeäksi

Siniharmaat silmät
lauhtuvat
katsovat lempeästi
mielentanssin
parketilla
on rauhallista
tanssia
ymmärryksen valssi

Viimeinen hidas
äkkipikaiselle
vieras

Kaksi sittenkin parempi

Kun kurkistan
 sydämesi huoneeseen
 siihen, jota tyhjäksi sanot
 katson ymmälläni kaikkea
 kauneutta lähelläsi

Sinä valaiset maailman
 kulkureittini luoteeseen
 sinne, johon nyt yhdessä kuljet
 sisällämme onnea
 kokemuksia elämääni

Tavoitamme oikean
 käymme kaksin vuoteeseen
 siihen, jossa syntyvät retket
 nähdä ja kokea
 syli sylissäni

Päiväkirjainrunot

sunnuntaista lauantaihin

S anoit, sinut sydämelleni
suukotit somasti sinisiin silmiini,
silhuettisi siinsi sokaisten
Suomen suven siimeksessä,
sallien sylin sykähdykset,
sähköiset sävelet selkäpiissäni
sävyisästi siirsit sen sisikuntaani

Sinusta sytyin salamoiden,
siiten sävyisiin sänkyleikkeihin
sinä sunnuntaiaamuna.

     – Sulottareni, sipisin
     – Saanhan sanoa sen sanan sinulle?

****

Soittaisin selloa, säveltäen
suoltaen sammon sankaritarinaa
Sibeliusta sulavasti selitellen
sinfoniaa suviaamuun soinnutellen

Sonaatteja sembalolla

Sirmakalla saksanpolkkaa
sukujuhlaan suunnitellen

******

Sunnuntai: Sulotar

Manolito matkaa maantietä
melkein Muonioon
miehellä meno mielessä
munaskuissa mielitietty
mietteet mellastavat
mattopyykillekö muka menisi

Muistelee mummon mustikkamaitoa
murokakkua makeaa
muikkukukkoa muhevaa
merilohen mausteista makua
mahdollisesti myös marenkeja
muurilla murokupissa

Mersu mutkissa miellyttävästi
menee maata mataen
muhkuroita myötäillen
mökkipihaan

Morsian mustassa mekossa
mukistaan murukahvia
mutrusuu maistelee, munakastaan
maanantaiaamuna...

****

Maanantai: Manolito

Tomerana tyttö täristen
töröttää tuolillaan
totisena takkuista tukkaansa
tikkuaa tiistaiaamuna

Tyyni talvipäivä taas tuloillaan
Tykkykuusen takana tupasessa
tarttuu toimeliaana tarjokas
tehtäviinsä, tervehtien taattoaan.

Tonkasta tuoretta tinkimaitoa,
turskasoppa tulille.

Takkatulen tekisi tahtonsa tapaan
tervaksia taitellen, tulitikulla tulen
taikoen torpan takkaan.

Täti tulee tarinoimaan
Tyttölasta tuuditellen
tuputtaen tuttia tepastelevalle tenavalleen.

Tekopyhä turjake teroittaa tikut,
tuulimyllyn tarpeista takkapuut
tuvan turvaksi tukkeja.

****

Tiistai: Takkatulen loimossa

Kundi kertoo kaverilleen
kähveltäneensä kolme keppanaa
kaupan kolmosoluthyllystä.

Keskiviikkoaamuna kello kymmenen
kiljuu kassaneiti kauhuissaan, käy käkättämään

Kuulijoita kertyi kuulemma kymmenkunta,
kukin käveli kassajonoon kiistan kuullessaan.
 - Kamalaa kerrassaan, kolli kusessa!

Kissalanpojat koslallaan
kurvaavat katsomaan kun
kossi kumartuu kassilleen,
kumoaa kuohuvat kaljat kukkakoriin,
kokopituuteensa kurkottuu.

Konstaapeli komentaa
kaikki kauemmas.
-Koko kansa kuutamolla, kusipäitä! karjuu konna

Kissanpäivät kohallaan,
kunhan koppiin kerkiät

****

Keskiviikko: Keppanavaras

Tenukeppi turvallaan
Tuvan takana turpeessa
Tinneripulloa tapailee
Tollona tokkurassa

Tietää toruja tulevan
Torjuntaa tarjoilupuutteesta
Tiimihenki tiukoilla

Tissutellen tuhoon
Taisteltuaan tuurilla, torstaina
tunki teräaseen taskustaan
takalistoonsa tuskissaan

Tarve tutkintaan,
toimitettava taksilla
Terveyskeskukseen
Tohtorin tikattavaksi

Terveydenhoitaja törttöä tölväisee
Tanakasti takajaloiltaan tokaisee
    -    Tekikö terää toveri?

****

Torstai: Tissuttelija

Pikkulintu piipertää pihamaalla
puikkelehtii pensaikossa
polun päässä pysähtyy
pujottautuu pajukoriin
pullanmuruja popsimaan
pajulinnun pöntön päälle

puutarhan perällä
piilopaikastaan
poikasiaan patistaa
purolle puhdistautumaan

Pelokkaina pienet pörröpallot
pyrkivät pesältään
päivänpaisteiselta paikalta
pimeämpään
pahvilaatikon puolelle
piipittäen piiloutumaan

Perjantaina päivä paistaa
porottaa pitkään
portin pielen postilaatikkoon
päivälehden
postimies pudottaa

****

Perjantai: Pikkulinnut

Lukisinko laveita lauseitasi
levittelisin lehtikirjoituksiksi
lupaamiasi lukemistoja
lauantain lehden lukijaliitteeseen?

Luuletko lisääväsi lukuintoa
lässyttämällä lökäripöksyisten
liikkumisesta laudoillansa
liikuntapuiston levikkeellä?

Lepää. Lämmitä lihaliemen litkua.
Lusikoi lauluääntä liki.
Lepyt. Lasten leikit lähelläsi
lankeavat lempeydeksi.

Lelulaatikko lattialla,
lystikkäät luppakorvaiset
leijonat, lumileopardit,
laske läpi liki liikuttavat lampaat

Leikkisinkö?
Lennokkina liitää lyhytmuisti.

****

Lauantai: Lyhytmuisti

Viikonpäivähaikuja

päivän alkukirjaimella alkavin sanoin

Maanantai

Möyrii mullassa
Mies maata muokkaamassa
munakoisolle

Mustikkapuuro
Maistuukin maanantaina
Maitoa mukaan?

Tiistai

Tonkii turvetta
Talikolla touhuaa
takapihalla

Taikinatiinu
tahdon tikkupullaasi
taputellaan nyt!

Keskiviikko
Kaivaa kirvestä
Kalikoita kaadetaan
kuusenoksista

Kovin kuvottaa
kun kovakuoriainen
kakun kovertaa

Torstai

Terävät terät
Taittavat tuomenoksan
tuliaiseksi

Toscakakkua
tahtoisin torstai-iltaan
Tuttavan tapaan

Perjantai

Puukolla perkaan
piikkipensaan paikaltaan
Pihakuusama.

Pannukakuksi
piimänmakuinen pala
pullaa pursottui

Lauantai
Lankarullasta
lippusiima linjaksi
lintupeloksi

Lettupinooni
lakkahilloa lähes
läjän lämmitän

Sunnuntai

Sontakuormasta
sikiää suursatona
superperuna

Suklaamoussea
Suu supussa sulatan
Saanko santsata?

***

Sunnuntain sukat
Sopivasti silmukat
sut saavuttavat

Odotuksia

Poskesi odottaa suudelmaa
huulesi huultemme kohtaamista

Niin minunkin.

Ukkossade

Sysimusta
ukkospilvi
kaatoi vedet
vihmoen
tyvituulen
paiskoessa
saunan ovea

Kiire piiloon
kastumista
ja salamaa
maailman kirkastavaa
räiskyvää
sinkoilevaa
jyminässä
paukahtavaa

Huljuttaa
keskikesän sade
räystäsrännit roskistaan
syöksytorvet purkaa
koskiksi
lainehtii,
kastuu,
kostuu
pihamaa
kastikka kosteudessa
vaeltaa

Kätesi otsallani
hikeä pyyhkii
kauhunhetkiä
kertaa

Jyrisee
salamoi

Pieni piilossa

Usva väistää
auringonsäteiden tieltä
kasteisella nurmikolla
valorantuja
puiden varjokuvien keskellä

Hiipunut kokko
vielä hieman savuaa
rannassa

Varpunen etsii aamueinettään
kirjosieppo ruokkii poikasiaan
sireenien huumaava tuoksu
leijuu kesäaamussa

Tyyninä
voikukkien untuvapallot
odottavat tuulta viriävää

Henkäys
käy yli maiseman
veden pinta väreilee
oksistossa lehdet keinuvat
puiden juurilla metsäkielot
piilottelee rastaanpoikasta.

Oranssi

Täältä tulen
ikuiset ujellukset mielessäni
huudellen happaman perään
              huomaatko?

Eilisen ikkuna on sulki
on alettava uusi päivä
ja rakennettava huomista
              tulevaa!

Seison sementtiportailla
aamupuuroa rinnuksilla
luomuviljasta keitettyä
              tietysti!

Aivan kuin kaikki olisi päivänselvää
Niinhän sitä luulisi

Peikkomuistista puskee pintaan
maahisten ja menninkäisten tarinat
Elsa Beskowin auringonmuna
karhunsammalmättäällä
kummasteltavana

Ihastuttava oranssi, appelsiini

Tarkoitettu

Huomasitko
niin hipaisten
aika riensi,
tähtitaivaan piilotti
ja sadepilvet
tilalleen siirsi

Itketkö yhä
menetettyä mahdollisuutta
näin monen vuoden
jälkeen

Tajusitko
elämä on piirretty
tähtikarttaan kaareksi,
poluksi elää ja kasvaa
löytää tilalle
tarkoitettu

Pyyhi siis
kyyneleet poskiltasi
kirkasta sumennut katseesi

Katso
kaikki on hyvin

Muumi-merkin alla

Arveluttaa
avata kirjeesi,
koruttomalla käsialallasi kirjoitettu
niin tuttu monista viesteistä,
kirjeesi sisältää sanoja, jotka eivät ehkä
tunne armoa.

Onko yksi tie kuljettu
melkein loppuun?

Kuin salamana
iski tajuntaani tietoisuus
askelparien suunnasta
mahdollisesti suunnista
jonnekin toisaalle.

Uskallanko lukea sanasi
jotka lupasit kirjoittaa?

Muumi-merkin alla piilossa,
punaisessa kuoressa,
on sisällään arvoitus
   Tuho vai pelastus?
   Itku vai helpotus?

Eri lähtökohta

Tavasin sanoja ymmärtääkseni
tapasi ajatella
luodata maailmaasi
kaiken sen mammonan
keskeltä

Tuli kyllä mieleeni pyramidit
huijatuksi tulleet äkkirikastuneet
joiden kultavuoria
tovi aikaisemmin olin kadehtinut
- kuinka sitten kävikään

Aamuinen ruispuuro riittää minulle
kun sitä on,
on maailma avoin
tirkistellä kaikkea harmittomasti
ja ilman hännystelijöitä.

Rimakauhu

Elettiinpä leveästi
nautiskeltiin optioista, keveästi

Tuli aika
odottamaton
Lama

Pitäisi panna taloustalkoot pystyyn
vaan meneekö se aivottoman nystyyn
että tinkiä
pitäisi
elintasosta
hieman palkasta
ja työajasta

Huutaa pää punaisena kenopää
ei mitään järkeä kurimuksessa nää
jota tarjotaan köyhimmälle
nostamalla rikkaat kultaritilälle
kun ne ei osaa hypätä
köyhän kelkkaan
ja kaveriksi ryhtyä

Tavataan leipäjonossa

Ukkosen vuoro

Kansakunta sähisee
ja salamoi
Silmät vihasta mustina
otsat kurtussa
jyrähtelee
otsikoille
ja kaavailuille
joita ei ole kirjoitettu
puhtaaksi
Vihassaan se ei malta
odottaa
sillä salamalla on tapana
iskeä lujaa ja
yllättämällä
ukkosella on tapana
kertoa tulostaan
jyminällä
noitarumpujen tapaan
kumisten

Ukkosrintama
odottaa
Meille on luvattu
että jokaiseen sattuu

Toivon kansan ansa

Olympos-vuorella
jumalat
kääntyvät haudoissaan
kun Eurooppaan
uutta järjestystä
juonitaan.

Tuhansien järvien
rantamilta
piskuinen kansa
kiristää suolivöitä
ammentaa rehellistä
Kalevan uskoansa.

Pikitien äärellä
pysäkillä
vanhaintalon asukki
odottaa kyytiä
suoneniskentään
kupparille

Taikojaan jumalille
loitsuja manan enkeleille
huutaa Hellaan kansa
ja luulee itseään auttavansa.

Tuomionkellot soittavat
kansat yhteen kokoavat
Sampoa alas taotaan
suonta isketään
Hellaan vuorelle hilataan
toivoa luomaan
niin uskotaan

Vaimenee Zorbas
väsyy Säkkijärven polkka
Tuonelan virralta
yhdet portaat ...

        eivät vie mihinkään
        toiset valoon kuljettaa

Tulee se aika

Rynkytän ajatusteni ovea
koputtelen ja kuulostelen
raottelen mietintämyssyn reunaa
kurkistan ajatusten saloille

Onhan se ruuhkaista ajoittain
riemusoittoa
pidätettyjen tunteiden maakuopassa
sisäisestä ilosta hihkumatta

Katson matavaa laumaa
kaduilla myssypäisiä vaeltajia
lökärien persuksia polvissa roikottavia
länkisäärisiä ajan ratsastajia

Niillä on niittämistä
enemmän kuin itselläni konsaan
digiaika kasvattaa toisenlaisen sadon
robottikansan ja hommien paon

Tehtävä

Potut vakoon ja multaa päälle!

> **Nyt**
> kun ei ole kiire
> kävellä ohi
> voi katsella
> kesän herkkää kauneutta
> kasvun ihmeitä.

Vettä kannuun ja kastelemaan!

> **Nyt**
> kun on aikaa
> voi jäädä odottamaan
> katsomaan
> kuinka itu nousee
> mullan sylistä.

Rukkaset käteen ja kitkemään!

> **Nyt**
> kun ensimmäiset
> taimet peittyvät
> rikkakasveihin
> on riennettävä
> pelastettava ne elämään.

Nouse ylös uusia pottuja odottamaan!

> **Nyt**
> kun konttaat
> kasvimaalla
> reuma nivelissä
> kirkuen
> revit tilaa elämälle

Murkut

Olisiko sata
ehkä tuhat
mustaa pientä muurahaista
avoimeksi unohtuneessa
tyhjässä pullapussissa
jonne oli jäänyt pohjalle
hieman sokeria

Kukapa ei herkuista tykkäisi

Suljen tupliksen suun
sinne jäävät murkut herkutteluun
avaan toisen pussin suun
jälleen
puustipojaksi tuun

Nam!

Kesäpuuhia

Keskikesä suhisee korvissa
tuulen pieksäessä
kotikoivun oksissa
lintujen pesiä,
yrittää irti repiä

Leppäkerttu tarpoo pihanurmella
heinänkortta etsii tarmolla
härnään sitä sormella
kiipeää jo iholla
kunnes lentoon kiitää riemulla

Voikukka keltaisena helottaa
ahomansikan kukat hiekalla
syreenipensaan juurella
odottavat kesäpäivää
sateista

Perunamaalla vihertää
salaattipenkki kasvun saa
porkkanaa ja persiljaa
odotellaan
kasvamaan

Rikkakasvit villinä
kukkapenkissä
nurmikon reunoilla
pensaiden ja puiden alla
puhdistettava kitkemällä

Aurinkotuoli patiolla
huvilakatos pihan perukalla
grillimaistereita kesä lykkää
sukulaiset tykkää
kesäruokaa mutustella

Kuule suven luontoäänet
ihastele kasvun voimaa
elollisen ihanuutta
suurta pientä sulokkuutta
elon leppoisuutta

Pikkuinen

Metsäpolulla astelin
lintujen kevätkonsertissa
harpoin jättiläisen askelin
nelikutosilla
kuulostellen, ihastellen

Pysähdyin
juuri oikeaan aikaan
oli askeltani estämässä
elämäänsä aloittamassa
rastaan poikanen

Katselin ihastellen
pienen ulkomuotoa
sen luottavaa tuijotusta
hämmästystä suuresta
varjosta

Lintukuorossa
huolestunut lintuemo
räksättää kuin räikkä
poikastaan opastaa
piiloon kätkeytymään polulta

Mene piiloon pikkuinen
valkojuurten varsien joukkoon
kielolehtiviidakkoon
valkovuokkojen alle
matkaan kuvasi mukanani
kerron maailmalle.

Hakotukilla

Kirvestä heilutin
kun ei vesuria ollut
oksia piskuisiksi palasiksi pilkoin
ei urakka valmiiksi tullut

Pottumaata ajattelin
siemenperunoita
itämättömiä
elämään odottavia

Hakotukilla silppusin kuusenoksia
tuulen kaataman ison puun
jäänteitä kasastaan
mietin tulisiko siitä muurahaisten koti

Kun tuota elämää on joka paikassa
ja toinen on toiselleen ravinnoksi
sekin espanjan siruetana
itsestään sikiävä, heimoaan syövä

Jos vaikka tervehtisi
kaupan jonossa seisovaa
ja kysyisi

missä elämä lymyilee

Napsautan kirveen tukkiin
odottamaan huomista
annan auringon hymyillä
pihanurmikko vihertää

Linna

Repsottaa alkukodin
uksen sarana
kannatellen
harmaantunutta ovea
väsynyttä, muistona
eiliseen

Takoo tolppakone
jumpsuttaen tannerta
puhkoen uutta reittiä
savikerrokseen

Avasit mieleni oven
taoit viisautesi
sisikuntani
vellovalle merelle
ajatuspursieni majakaksi
suuntimaksi tulevalle

Sade hakkaa
tuuli riepottaa
piiskaa riippakoivun oksat
ennen pakkasen
jäätävää otetta
huuruiksi sumenevia
pakkasöitä
kuunsoitossa saapuvaa
kevättä mustarastaan laulussa

Nousi perustuksille linna
sydänten asua.

Arjen onni

Satulinnoja rakensimme
kristallipilven reunalta
jalokivivuoren laaksoon
helmiäisvirtojen nauhalle

Ajatuksemme liitelivät
rikkauksia tavoitellen
unelmoivat runsaudesta
ylenpalttisesta.

Vuodet kuluivat
haaveet hiljaa karisivat
kapenivat, murenivat
yksinkertaiseen elämään
rakkaudeksi,
arjen onneksi
jossa on aikaa katsella
auringon kultaamien
poutapilvien matkaa
sinitaivaalla
makoilla veneen kokassa
lipua kohti kotirantoa.

Pysähtymisiä

(Roy-koiran matka päättyi 11.5.2015)

Olet aina

Astelin yksin hiekkatietä
mielessäni askeleesi
ja veikeä kurkistuksesi
"olemmeko samaa mieltä"
suunnasta ja kulkupuolesta

Kuljin puron ohi
jossa toisinaan halusit
poiketa juomassa
ja könytä takaisin
jyrkän rinteen

Siellä vattupaikan tiellä
katselin meille tuttua maisemaa
samaa, jossa yhdessä taivalsimme
ja joissa kaikusi
yhä ääneti viipyy

Tiedätkö?
Annoit lukuisan määrän muistoja
olemalla vain oma itsesi
päivästä päivään
elämäsi ajan
yhä viivyt sydämessäni

Kotona on nyt hiljaista
mutta yhä moni asia
toistaa sinua
kuin odottaen vastausta
joka on niin itsestään selvä
- olet aina paikalla

Kurkistat

Eilen aamuvarhaisella
katselit puuhastelujani pihalla
kurkistit olohuoneen
ikkunalaudan takaa

Tänään en löytänyt katsettasi
kurkistat sieluuni
suurella rakkaudella
ja ojennat tassusi

hyvästiksi

jatkaakseni matkaani

Ensiaamu

Synnyn uudeksi
mentyäsi
kaipauksenkukkaset
kasvaa sydämeeni

Kyynelverhon takaa
seuraan matkaasi
viimeistä
tässä olomuodossa

Sumusta nousevat
muistot
rapsahtelevat lattialla
tassujesi äänet

Mopopojan muisto

Hymyää maisema kesää
peltojen keskellä
en näe sinua enää
moposi selässä istumassa
kotiin ajelemassa...

Keskikesän ilta huokuu
kaipausta ja ikävää
yhteen ystävät ja vieraat kokoontuu
suuntana yksi määränpää

Satojen moottoripyörien
surumielinen jyminä
soi maalaismaisemassa
kotikylääsi matkatessa
asfalttiin piirtyy sururantuja

Hiljaa ajamme reitilläsi
joka pois vei nuoren elämäsi

Kun lähden

En minä asua

tai arkkua tarvitse,

kunhan jonnekin

tomuni viskotte.

Sitten

olen kaikkialla.

Aamu huomiseen

Odotan
viestiä
tutkimukset kesken
jännitän
lailla pienten lasten

nyt pelko
on epätietoisuus
vaaran mahdollisuus

he tuossa sylissäni
kaksi lasta
en luovu uskomasta

aamuun
huomiseen
tulevaisuuteen
katson luottaen
vaikka vapisen

(kummitytön ajatuksissa mukana)

Sydämen rauha

Ukkosyön salamat

kirkastivat

taivaankannen.

Tummuudessa sinkoilivat

sähköiset voimat.

Mieleni on tyyni

sydämeni rauhassa

lepää.

Lehdossa

Nukut paatesi alla

tuhannet muistot mukanasi

Istuu kummullasi harakka

ja muistan naurusi

Hymysi hiipui

sydämesi sammui

rakkauteni jäi

Ajatukset seikkailevat

muistojen aarteissa

Ne kantavat

yhä

uutta huomista

Syntymän ihme

Pienokainen
ainokainen
ainutlaatuinen
pieni
sievä
ruttuinen

Hamuaa
elämän aloittava
emon nisälle
ravinnon lähteelle

Pienet sormet
pienet varpaat
matkansa
alussa

jo äidin kohdussa
tapailevat
maailmaan

vapauteen ja rakkauteen
kasvamaan

Pentu

Niin hellästi
kevyesti
kielellä lipaisten
käpälää kostuttaen
kasvopesulla

Notkean nopea
pyörähdys
jälleen
nelijaloilla
matkalla kohti
leikkejä

Vinhasti poukkoillen
puolelta toiselle
salamana
lankakerän perässä

On alussa
pennun
elämä

Tuokio kesää

Puhaltaa luoteistuuli
saranoita soittaa
repsottavan ikkunan
pitsiverhoa
tuulettaa

Menneen elämän
pelargoni
loistaa punaista
lasiruuduilla heijastukset
taivaan sinistä

Valkoiset ruusut
kukkivat

Tyyneys

Lepää mies
pää pielustalla
huokaillen

ajatuksilla leikitellen

hymyten

myhäillen
onneansa

Tuhannet sanat
paperilla

Pyykkärit

Siinä vierelläni
tuoksut puhtaalle
matonpesijäni
myhäillen yhteiselle muistolle
lotrasimme vedessä
nousimme laiturille
veteen takaisin putosimme
kastuimme
ties monettako kertaa nauroimme
lapsellista vesisotaamme
pesimme toisemme
mäntysuovalla
siinä laiturilla

Tuoksut puhtaalle
vuoteella
yön jälkeen
Yhä aamulla

Pisarat kuivuivat
yön tunteina, mutta
virtaavat kosket villeinä
sydämen kevättä
loppukesässä
syksyn ruskassa
alkutalven loskassa
talven pakkasissa
odotellen uutta kevättä

Finaali

Tuhannen kilometrin juoksu
ajatusten lenkkipoluilla

tiuhaa askellusta
uskallusta
läpi metsien
yli mäkien
alas laaksoihin
alaville viljelyksille
missä viklot viheltävät
vieden uupumattomasti
sanojani
horisontista toiseen

kaiuttaen kuultavaksi
pieniä tarinoita
supsuttaen
salaisuuksiksi
arvoituksia
itsestään selvyyksiä

Tahdothan
juosta kanssani tuntemattomaan huomiseen....

Sisällysluettelo: